BEI GRIN MACHT SICH IHR WISSEN BEZAHLT

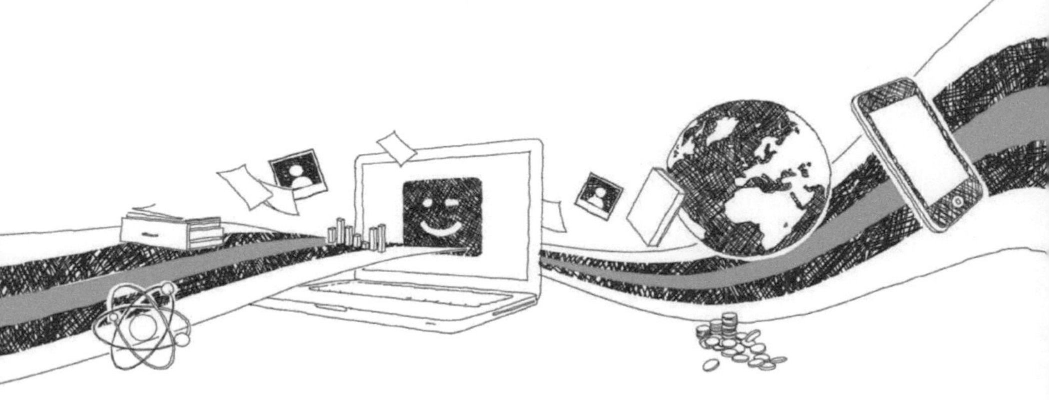

- Wir veröffentlichen Ihre Hausarbeit, Bachelor- und Masterarbeit

- Ihr eigenes eBook und Buch - weltweit in allen wichtigen Shops

- Verdienen Sie an jedem Verkauf

Jetzt bei www.GRIN.com hochladen und kostenlos publizieren

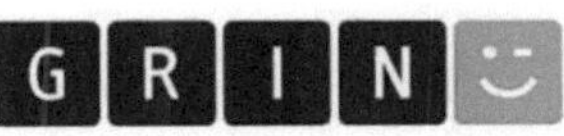

Britta Müller

Frauen am Bauhaus

GRIN Verlag

Bibliografische Information der Deutschen Nationalbibliothek:

Die Deutsche Bibliothek verzeichnet diese Publikation in der Deutschen National-
bibliografie; detaillierte bibliografische Daten sind im Internet über http://dnb.d-
nb.de/ abrufbar.

Impressum:

Copyright © 2006 GRIN Verlag GmbH
Druck und Bindung: Books on Demand GmbH, Norderstedt Germany
ISBN: 978-3-640-12329-2

Dieses Buch bei GRIN:

http://www.grin.com/de/e-book/110340/frauen-am-bauhaus

Frauen am Bauhaus

von

Britta Müller

Britta Müller

4. Fachsemester

WS 2005 / 06

Objektdesign

Frauen am Bauhaus

<u>Gliederung</u>

I. Staatliches Bauhaus in Weimar

„Das Staatliche Bauhaus in Weimar ist durch die Vereinigung der ehemaligen Großherzoglich Sächsischen Hochschule für bildende Kunst mit der ehemaligen Großherzoglich Sächsischen Kunstgewerbeschule unter Neuangliederung einer Abteilung für Baukunst entstanden[1].“

Walter Gropius, Gründer und erster Direktor des Bauhauses, hatte die Vision, die Kunst wieder zum Handwerk zurück zu führen, denn „es gibt keinen Wesensunterschied zwischen dem Künstler und dem Handwerker. Der Künstler ist eine Steigerung des Handwerkers[2].“ Das Fernziel des Bauhauses war der Bau.

„Kunst sei nicht lehrbar, so aber das Handwerk. Die Schule für Architektur und angewandte Kunst, die Gropius 1919 gegründet und bis 1928 geleitet hat, bedeutet den Abschluss jener Bemühung, die etwa von der Mitte des 19. Jahrhunderts an darauf gerichtet war, den Zusammenhang zwischen der Welt der Kunst und der Welt der Produktion wiederherzustellen, eine neue Art formgestaltender Künstler herauszubilden und die künstlerische Arbeit auf das Prinzip des Zusammenwirkens zu gründen[3].“ „Eine neue Baukunst“, „der große Bau“ – das waren die Ziele der Bauhausausbildung gewesen, die Walter Gropius im Manifest formuliert hatte[4].

Vor der Aufnahme am Bauhaus hatten alle Stundenten den Vorkurs zu absolvieren. Während der Vermittlung von gestalterischen Grundkenntnissen wurde hier nicht nur über das Verbleiben am Bauhaus entschieden, sondern auch darüber, welche Werkstatt der Bauhauslehrling anschließend besuchten sollte. Die folgenden Werkstätten gab es anfangs am Bauhaus in Weimar: die Möbelwerkstatt, die Metallwerkstatt, die keramische Werkstatt, die Weberei, die graphische Druckerei, die Glaswerkstatt und die Werkstatt für Wandmalerei.

---

[1] Gropius, Walter, „Programm des staatlichen Bauhauses in Weimar“, in Wingler, H. M., 1962, S. 40.
[2] Gropius, Walter, „Programm des staatlichen Bauhauses in Weimar“, in Wingler, H. M., 1962, S. 39.
[3] Argan, Giulio Carlo, 1962, S. 7.
[4] Droste, 1998, S. 42.
[5] Gropius, Walter, „Programm des staatlichen Bauhauses in Weimar“, Wingler, H. M. 1962, S. 41.

II. Das Geschlechterkonzept

„Aufgenommen wird jede unbescholtene Person ohne Rücksicht auf Alter und Geschlecht, deren Vorbildung vom Meisterrat des Bauhauses als ausreichend erachtet wird und soweit es der Raum zulässt[5]." Dies schrieb Gropius in seinem Manifest von 1919 und daran hielt er sich auch. Bis er feststellte, dass ungefähr genauso viele Frauen wie Männer ans Bauhaus kamen. In seinem ersten Kostenvoranschlag für das Bauhaus hatte Gropius mit „50 Damen" und „100 Herren" gerechnet. „Die neue Weimarer Verfassung gewährte den Frauen die unbeschränkte Lernfreiheit. Akademien konnten ihnen den Zutritt nicht mehr verweigern – wie es vor dem Krieg der Fall gewesen war – und viele Frauen nutzten die neuen Chancen[6]."

„Ziemlich schnell entschied Gropius, dass die Anzahl der Studentinnen auf ein Drittel der Studentenschaft begrenzt werden sollte und dass ihre Anzahl die Anzahl der Männer nicht übersteigen durfte, wie sie es anfangs getan hat[7]." Für diese Richtungsänderung gab es vielerlei Faktoren, die ich in den folgenden Punkten erörtern werde.

1. Der geschichtliche Hintergrund

1918 ist der erste Weltkrieg vorbei. „Mit der Gründung der Weimarer Republik erhielten Frauen das aktive und passive Wahlrecht. An den Wahlen zur verfassungsgebenden Nationalversammlung beteiligten sich 78 Prozent der wahlberechtigten Frauen, 9,6 Prozent der Abgeordneten waren weiblich. Frauen blieben aber auch in den zwanziger Jahren in allen Parteien weiterhin unterrepräsentiert und waren kaum in hohen Parteiämtern vertreten[8]." So hatte sich wohl kaum das althergebrachte Bild der Frau in den Köpfen der Menschen gewandelt. Auch der aufkommende Nationalsozialismus hatte nicht viel übrig für Frauen als eigenständig denkende und handelnde Wesen und schon gar nicht, wenn diese gewillt waren, einen Beruf auszuüben. Hinzu kam, dass die Handwerksgilden, deren Ideal Gropius nacheiferte, Frauen immer ausgeschlossen hatten.

---

[6] Droste, 1998, S.40.
[7] Baumhoff, 2001, S. 14. Very soon he suggested that the number of female students should be limited to about one-third of the student body and that they should not be allowed to outnumber men, as they had done in the beginning.

[8] http://de.wikipedia.org/wiki/Weimar_Republik#Kunst_und_Kultur_in_der_Weimarer_Zeit

„Weil Frauen schon seit dem Mittelalter aus den Handwerksgilden ausgeschlossen wurden, war das Image der Handwerker entschieden männlich[9]." Deswegen durften die Frauen am Bauhaus, anders als ihre männlichen Kollegen, keine Gesellenprüfung vor der Handwerkskammer ablegen.

2. Frauen als Künstler

In Deutschland unterscheidet man zwischen bildender Kunst und Kunsthandwerk. Wenn Frauen Künstlerinnen wurden, so nahm man sie nicht ernst und rückte sie in die Ecke des Kunsthandwerks, welches eher schmückenden Charakter hatte. „Sein (Gropius) Schulexperiment, eine Zusammenlegung der Großherzoglich Sächsischen Kunstgewerbeschule und der Großherzoglich Sächsischen Hochschule für bildende Kunst, war in Gefahr, durch den hohen Frauenanteil als vergrößerte Kunstgewerbeschule eingestuft zu werden[10]." Kunstgewerbe war in den Augen der Gesellschaft etwas, dass mit weiblichem Zeitvertreib wie Sticken oder Handarbeit assoziiert wurde. „Wo Wolle ist, ist auch ein Weib, das webt, und sei es nur zum Zeitvertreib" – dieser spöttische Vers von Oskar Schlemmer ist über die Bauhaus-Schülerinnen überliefert[11]." Indem Gropius den Frauenanteil reduzierte, versuchte er einen amateurhaften Charakter der Schule zu vermeiden. „Im Oktober 1919 bezeichnete Gropius den Dilettantismus als den größten Feind des Bauhauses und assoziierte damit die Salonkunst[12]." Wenn eine Frau sich Künstlerin nannte, so verstand man darunter, dass sie dekorative Bilder für die Häusliche Atmosphäre schuf. Dies hatte mehr einen ästhetischen Wert, als ein funktionales Ziel. „Sie konnten vielleicht „Kunst" machen, war dies doch schon damals eine Definitionsfrage, aber nur unter besonderen Bedingungen gelang es ihnen, auch als Künstlerin wahrgenommen zu werden[13]." Da die Frauen in seinen Augen letztendlich irgendwann heiraten würden, um Mutter und Hausfrau zu werden, sah er wenig Sinn darin, sie auszubilden und vergab die wenigen Studienplätze am Bauhaus bevorzugt an Männer.

---

[9] Baumhoff, , 2001, S. 47. Because women had been excluded from the handicraft guilds since Middle Ages, the image of the handicraftsmen was decidedly masculine.

[10] Baumhoff, Anja, „Gleichberechtigung, Duldung oder Ausschluss? Bauhäuslerinnen in der Weimarer Republik", in: Stiftung Bauhaus Dessau (H.g.), 1997, S. 87.

[11] Droste, Magdalena, „Die Werkstatt für Weberei", in: Bauhaus – Archiv (Hg.), 1988, S. 74.

[12] Baumhoff, 2001, S. 71, 72, zit. n. StAW Nr. 133, Oktober 29, 1919, S.1.

[13] Baumhoff, Anja, „Ich spalte den Menschen. Geschlechterkonzeptionen bei Johannes Itten", in: Katalogbuch „Das frühe Bauhaus und Johannes Itten", S. 96.

Um am Bauhaus als Künstlerin anerkannt zu werden, mussten die Frauen nicht nur besser sein, als ihre männlichen Kommilitonen, sie mussten ihr Frausein aufgeben und neutrum werden. „Denn Frauen wurden weniger als Individuen gesehen, sondern mehr als Repräsentanten des weiblichen Geschlechts[14]." Wenn also in einem Kurs eine Frau die von ihr geforderte Leistung nicht erbringen konnte und sie des Kurses verwiesen wurde, schloss man gleich, dass keine Frau diese Leistung erbringen könne und stellte in Frage, ob Frauen zu diesem Kurs überhaupt zugelassen werden sollten. Der Handwerker Zaubitzer schrieb in einem Werkstattreport: „Es gibt weiterhin zu berichten, dass Fräulein Seinfeld die Druckwerkstatt verlassen hat. Sie hatte nie den richtigen Dreh dazu und es wäre besser, Frauen in Zukunft davon fern zu halten[15]." Wenn aber eine Frau in einem Kurs besonders gut war, so galt sie sogleich als Ausnahmeerscheinung, durch die man auf keinen Fall auf andere Frauen schließen konnte.

3. Ittens Geschlechterkonzeption

Der Maler und Kunstpädagoge Johannes Itten unterrichtete den Vorkurs am Bauhaus in Weimar. Er nahm also wesentlichen Einfluss auf die Bauhauslehre und lenkte die Bauhauslehrlinge in bestimmte Richtungen, die sich dann auch in der Wahl der Werkstatt ausdrückte. Den Studentinnen riet er zumeist zu einer Laufbahn in der Weberei, einem eher kunstgewerblichen Gebiet, da dies in seiner Welt wohl am ehesten den Talenten einer Frau entsprach. Itten ging davon aus, dass der Mensch polar strukturiert sei. „In diesem Denkmuster erscheinen Männer und Frauen als grundsätzlich verschieden[16]." Er bringt es auf die knappe Formel: „Ich spalte den Menschen[17]." „Der Denker ist der Vater, die Empfindung ist die Mutter, und der Gedanke ist das Kind[18]."

---

[14]Baumhoff, , 2001, S. 68. "Women were seen less as individuals than as representatives of the female sex."
[15]Ebenda. zit. n. Werstattreport November 1921: "Another thing to report is hat Fräulein Seinfeld has left the printing workshop. She never really had the right drive for it, and it would be better in the future to keep women away from it."
[16] Baumhoff, Anja, „Ich spalte den Menschen. Geschlechterkonzeptionen bei Johannes Itten", in: Katalogbuch „Das frühe Bauhaus und Johannes Itten", S. 91.
[17] Baumhoff, Anja, „Ich spalte den Menschen. Geschlechterkonzeptionen bei Johannes Itten", in: Katalogbuch „Das frühe Bauhaus und Johannes Itten", S. 91, zit. n. Badura – Triska, Eva (Hrsg.): Johannes Itten. Tagebücher, Stuttgart 1913 – 1916, Wien 1916 – 1919, 2 Bde., Wien 1990, Bd. 1, S. 260.
[18] Ebenda, S. 93 ,zit. n. Badura – Triska, Eva (Hrsg.): Johannes Itten. Tagebücher, Stuttgart 1913 – 1916, Wien 1916 – 1919, 2 Bde., Wien 1990, Bd. 1, S. 309.

Hierbei sind Mann und Frau in ihrer Verschiedenheit nicht etwa gleichwertig. „Im Gegenteil, für Itten war der Mann das höhere Wesen, da sich in ihm das „Du" vereinigen konnte[19]." Er konnte Mutter und Vater zugleich sein. „Die Rolle des Künstlers definierte er parallel zu der gesellschaftlichen Rolle des Mannes, indem er ihr die Attribute aktiv, befruchtend, gestaltend und selbstbestimmt zuordnete. Kunst in diesem Verständnis war notwendigerweise eine maskuline Tätigkeit, ein Akt der Zeugung und nicht der Empfängnis[20]." „Der Künstler ist ein Werkzeug Gottes, ein Werkzeug durch das Er werden lässt. – Er ist Mutter und Vater in einem[21]."

Die Frau verstand er allerdings als Wesen, das nicht durch sich selbst, sondern durch sein Umfeld bestimmt wird, durch Väter, Brüder und Ehemänner. So äußerte er sich des Öfteren, dass der Mann dem Positiven und die Frau dem Negativen zuzuordnen sei. Dieses polare Denkmuster ist allerdings für die Zeit kein außergewöhnliches. „Ähnliches begegnet uns bei Ittens Zeitgenossen Piet Mondrian oder bei dem Bauhaus–Kollegen Paul Klee[22]." „Diese männliche Definition des Künstlers machte es den Bauhäuslerinnen allerdings schwer, bei den berühmten Malern der Schule eine passende Rolle für sich zu finden[23]."

4. Walter Gropius im Widerspruch

Es scheint fast so, als habe Walter Gropius in Bezug auf die Frauenfrage seine eigene Offenheit überschätzt. Genauso gut hätte er, wie die meisten Kunstakademien, die Aufnahme von Frauen verweigern können. In seiner theoretischen Welt war jedoch die „emanzipatorische Einstellung (…) ein wichtiger Teil des progressiven Bauhaus-Image[24]."

Angesichts des hohen Frauenanteils sah er wohl eine Gefahr für den Ruf der Schule. Um in der Weimarer Republik Anerkennung zu finden, konnte er sich keinen amateurhaften Ruf leisten.

---

[19] Ebenda, S. 93, Badura – Triska, Eva (Hrsg.): Johannes Itten. Tagebücher, Stuttgart 1913 – 1916, Wien 1916 – 1919, 2 Bde., Wien 1990, Bd. 1, S. 326.

[20] Baumhoff, Anja, „Ich spalte den Menschen. Geschlechterkonzeptionen bei Johannes Itten", in: Katalogbuch „Das frühe Bauhaus und Johannes Itten", S. 94.

[21] Baumhoff, Anja, „Ich spalte den Menschen. Geschlechterkonzeptionen bei Johannes Itten", in: Katalogbuch „Das frühe Bauhaus und Johannes Itten", S. 94, zit. n. Badura – Triska, Eva (Hrsg.): Johannes Itten. Tagebücher, Stuttgart 1913 – 1916, Wien 1916 – 1919, 2 Bde., Wien 1990, Bd. 1, S. 319.

[22] Baumhoff, Anja, „Ich spalte den Menschen. Geschlechterkonzeptionen bei Johannes Itten", in: Katalogbuch „Das frühe Bauhaus und Johannes Itten", S. 96.

[23] Ebenda.

[24] Ebenda, S. 91.

Ebenfalls war er ein Kind seiner Zeit und stand auch in engem Kontakt zu Johannes Itten, den er bewunderte. So schreibt Oskar Schlemmer in einem Brief über Gropius: „Gropius ist Itten. Nur was dieser sagt tut jener (in wesentlichen Fragen)[25]."

Gropius unterstützte auch die Einrichtung der „Frauenklasse", da er nichts davon hielt, Frauen in den schweren, handwerklichen Bereichen auszubilden. So schrieb er an eine Bewerberin: „Es ist nach unserer Erfahrung nicht ratsam, dass Frauen in schweren handwerklichen Bereichen, wie Möbelbau und so weiter arbeiten. Zu diesem Zweck wurde eine Frauenklasse am Bauhaus ins Leben gerufen, die hauptsächlich mit Textilien arbeitet; die Buchbinderei und die Töpferei akzeptieren auch Frauen. Wir sind grundsätzlich gegen die Ausbildung von Frauen als Architekten[26]."

Dies ist nicht allein seine Meinung, sondern auch die seiner Meister. So brachte z. B. Otto Dorfner, Werkmeister der Druckwerkstatt, folgenden Beitrag: „Die Frauenfrage am Staatlichen Bauhaus ist immer noch ungelöst. Die Textil- und Frauensektion muss definitiv vergrößert werden, so dass die Bauhausfrauen eine Arbeitssphäre, geeignet für ihre natürliche Konstitution haben, in der sie produktiv sein können. Frauen gehören nicht in die Architekturkurse[27].

Gropius will die Emanzipation der Frau auf bestimmte Bereiche begrenzt sehen, denn auch er glaubt an den grundsätzlichen Unterschied von Mann und Frau und gewisse Dinge traut er den Frauen weder geistig, noch körperlich zu. Er wird von seinen Meistern in dieser Meinung gefestigt, da diese sich wieder und wieder über einen zu hohen Frauenanteil in den Kursen beklagen. Deswegen schmettert er viele Versuche von Frauen, in anderen Bereichen als der Weberei tätig zu werden, ab und drängt sie mehr und mehr in die Frauenklasse.

---

[25] Schlemmer, Oskar, Brief Oskar Schlemmer an Otto Meyer-Amden, 23. Juni 1921, Dokument 34, in: Katalogbuch „Das frühe Bauhaus und Johannes Itten", S. 458.

[26] Baumhoff,2001, S. 59, zit. n. StAW Nr.259, S.48. Briefe von Gropius an Anni Weil in Wien, 23. Februar, 1921. "It is not advisable, in our experience, that women work in the heavy craft areas such as carpentry and so forth. For this reason a women's section has been formed at the Bauhaus which works particularly with textiles; bookbinding and pottery also accept women. We are fundamentally opposed to the education of women as architects."

[27] Baumhoff, 2001, S. 60,zit. n. StaW Nr. 3, Mai 1922, S. 27 – 33. "The question of Women at the Staatliche Bauhaus is still unsolved. The textile and women's section must definitely be enlarged so that Bauhaus women have a sphere of work appropriate to their natural constitutions in which they can be productive. Women do not belong in the building workshops."

III. Die Interne Frauenpolitik

Nach außen vertrat das Bauhaus die Gleichberechtigung der Frau. Im Zuge der Frauenbewegung, dem Frauenwahlrecht und dem Gesetz zur Zulassung des Frauenstudiums war dies dem progressiven Image des Bauhauses auch förderlich. Wenn man das Bauhaus jedoch näher betrachtet, ist es für Frauen nicht einfach gewesen, sich dort zu behaupten.

Das wirft die Frage auf, welchen Blick die Frauen selbst auf die Geschlechterpolitik des Bauhauses hatten und wie sie sich und ihre eigene Lage sahen.

1. Weibliche Selbstanschauung der 20er Jahre

Nach dem Krieg drängten die wiederkehrenden Männer in die Berufswelt zurück und die Frauen, die derweil diese ersetzt hatten, übernahmen mehr oder weniger freiwillig wieder ihre weiblichen Aufgaben. „Die Frau suchte ihr Glück in der Familie und der Mutterschaft. In Bezug auf das Verhältnis zwischen den Geschlechtern kristallisierten sich bereits sehr früh zwei grundlegend verschiedene Auffassungen (der Frauenbewegung) heraus: eine dualistische bzw. differenzialistische und eine generalistische bzw. egalitäre Sichtweise. Erstere ging von einer grundlegenden, natürlich oder göttlich begründeten Verschiedenheit der Geschlechter aus und stellte deshalb die geschlechtsspezifische Arbeitsteilung nicht in Frage[28]." Die egalitäre Sichtweise, die keinen Unterschied zwischen Mann und Frau macht, war noch nicht besonders verbreitet. Die Frauen gingen also größtenteils nicht davon aus, dass die Gleichberechtigung von Männern und Frauen auch bedeutet, dass die Frauen in die zumeist männliche Berufswelt eindrangen.

Die Frauen am Bauhaus waren zwar Anhänger des Fortschritts, sie waren ja auch am Bauhaus, viele sahen sich selbst aber nicht in einer Berufswelt. „Ihre (Gunta Stölzls) Lebensphilosophie war utopisch und schwärmerisch auf eine „neue Welt" gerichtet, in der jedoch die Frau ihre angestammte Rolle als Ehefrau und Mutter behielt; ein selbständiges Leben in Berufstätigkeit ohne Mann und Kind war für sie selbst zu Beginn der Bauhauszeit kein Ziel[29]."

---

[28] http://de.wikipedia.org/wiki/Frauenbewegung#Weltanschauliche_Grundlagen.
[29] Stölzl, Christoph, „Gruppenbild mit Dame", in: Stiftung Bauhaus (H.g.), 1997, S. 32.

2. Die Frauenklasse

„Von Anfang an war die Weberei die Werkstätte für die vielen Frauen, die besonders in den
ersten Jahren ans Bauhaus kamen. Da nur ein Teil von ihnen zurückgewiesen werden konnte,
sie aber die wenigen Ausbildungsplätze offenbar keinesfalls hälftig belegen sollten, wurde
eine Frauenklasse eingerichtet[30]." Als die Frauenklasse gegründet wurde, hatte niemand eine
genaue Idee, was diese vermitteln oder erreichen sollte. „Schon im Laufe des Jahres 1920
ging am Bauhaus die Frauenklasse in der Klasse für Textil auf[31]." Dies erschwerte es den
Frauen zusätzlich, die Wahl ihres Kurses frei zu treffen. „Alle Studenten mussten einen
Vorkurs absolvieren und konnten danach eine Werkstatt wählen. Doch weibliche Studenten,
von einigen wenigen Ausnahmen – wie z.B. Marianne Brandt, die sich die Aufnahme in die
Metallwerkstatt erkämpfte – abgesehen, wurden während der ganzen Bauhauszeit der
Webwerkstatt zugeteilt[32]."

„Die bildnerisch arbeitende Frau wendet sich meistens und am erfolgreichsten der Fläche
zu. Das erklärt sich aus der ihr fehlenden, dem Manne eigentümlichen räumlichen
Vorstellungskraft[33]." Dies schrieb Helene Nonné-Schmidt die selbst in der Weberei tätig war.
Viele Frauen konnten sich jedoch nicht von Anfang an damit anfreunden, in der Weberei zu
arbeiten. Anni Albers sagte einmal: „Weben? Weben hielt ich für zu weibisch. Ich war auf der
Suche nach einem richtigen Beruf. Und so fing ich ohne Begeisterung mit dem Weben an, da
ich mit dieser Wahl nun einmal am wenigsten Anstoß erregte. Später erhielt das Weben am
Bauhaus einen ernsthafteren, professionellen Charakter. Nach und nach begannen die Fäden,
meine Phantasie zu wecken[34]." Auch Kitty Fischer wollte eigentlich nicht weben: „Am
allermeisten wollte ich Architektin werden[35]." Für die Frauen, die eigentlich lieber in den
anderen Werkstätten tätig sein wollten, bedeutete die Frauenklasse die Einschränkung ihrer
Möglichkeiten. Für die Frauen allerdings, die Weberinnen werden wollten, war es die Chance,
ohne den geschlechtlichen Konkurrenzdruck produktiv und kreativ arbeiten zu können.

---

[30] Droste, 1998, S. 72.
[31] Droste, 1998, S. 72.
[32] Lavin, Maud, „Anni Albers", in: Költzsch, Georg-W., Tupitsyn, Margarita (H.G.), 2000, S.49.
[33] Nonné – Schmidt, Helene, „Das Gebiet der Frau am Bauhaus"., in Wingler, 1962, S.126.
[34] Lavin, Maud, „Anni Albers", in: Költzsch, Georg-W., Tupitsyn, Margarita (H.G.), 2000, S. 49, zit. n. Anni
Albers in einem Interview mit Gene Baro, in: „Anni Albers, Gene Baro and Nicholas Fox Weber, New York
1977", S.6.
[35] Baumhoff, 2001, S. 65, zit. n. Kitty Fischer, Interview mit Anja Baumhoff, Niederlande, 30. September, 1991.

3. Gegenstimmen

Da die Weberei am Bauhaus nach eigener Definition wohl eher zum Kunsthandwerk gehörte, als zur Kunst, wurden die Studentinnen von ihren männlichen Kommilitonen weniger ernst genommen. Einige Studentinnen hatten auch das Gefühl, das der allgemeine Bauhausglaube war, dass die natürlich Berufung der Frau die Mutterschaft sei und Frauen keine berufliche Karriere haben sollten. Käthe Brachmann beschreibt ihre Gefühle folgendermaßen: „Es schreit in mir: Ich darf arbeiten! Besonders als Frau schätze ich meine Möglichkeiten sehr. Warum sind wir Frauen hier? Wir sind, wie alle professionellen Frauen und besonders für Männer, Objekte des Mitleids. `Warum folgst du nicht deinem natürlichen Ruf? ´ das ist die penetranteste Frage, die männliche Kollegen stellen, und manche stellen noch oberflächlichere Fragen[36].“ Resi Jäger-Pfleger schrieb dazu: „Wenn wir all unsere Energie aufbringen und ernsthaft arbeiten, dann wollen wir mehr, als bloß toleriert werden. Wir Frauen können genauso gewissenhaft studieren, wie Männer[37].“

Leider fehlte es diesen Frauen an Solidarität aus den eigenen Reihen, da sie, indem sie auf das Problem aufmerksam machten, ein Tabu gebrochen hatten. So wurde Käthe Brachmann offen von anderen Studentinnen kritisiert. Dörte Helm schrieb dazu: „Für die, die wirkliche Künstler sind, ist es voll und ganz garantiert, dass sie dies auch in jeder Phase ihres Lebens bleiben, und die Idee, dass dies bloß eine Phase wäre, eine art von notwendigem Übel bis sie ihrer „wahren Berufung“ folgen, ist lächerlich…Ich glaube das Gegenteil, dass die meisten Frauen sehr glücklich sind in der künstlerischen Arbeit[38].“

Aber nicht nur einige Frauen waren es, die die Geschlechterpolitik kritisch betrachteten. Auf die Seite der Gegner stellte sich der Werkmeister der Keramikwerkstatt, Max Krehan, nachdem der Formmeister, Gerhard Marx, Gropius um den Ausschluss der Frauen gebeten hatte.

---

[36] Baumhoff, 2001, S. 54, zit. n. Käthe Brachmann, „Echo auf Gropius´ Antrittrede und Programm", Der Austausch, Veröffentlichungen der Studierenden am Staatlichen Bauhaus zu Weimar, Mai 1919, S.4. "It's ringing in me: I'm allowed to work! Especially as a woman I treasure my chance. Why are we women here? We are, like all professional women, to men at least, objects of pity. `Why don't you follow your natural calling?´ that is thee most penetrating question which the male colleagues ask, and some ask even more superficial questions."

[37] Baumhoff, 2001, S 57, zit. n. Resi Jäger-Pfleger, "Erwiderung an Käthe Brachmann", Der Austausch, Juni 1919, S.6. "If we muster all our energies and work seriously, we want to be more than merely tolerated. We women can study just as diligently as the men."

[38] Baumhoff, 2001, S. 56, zit. n. Dörte Helm, "Erwiderung an Käthe Brachmann", Der Austausch, Juni 1919, S.6. To those, who are really artists, it's completely taken, for granted that they will remain so in every stage of life, and the idea that this is just a phase, is ridiculous… I believe on the contrary that most of the women are actually very happy in artistic work."

„Er, Krehan, dachte anders über diese Sache und schlussfolgerte, dass wenn das Bauhaus keine Frauen haben wollte, sollte es das in seinem Manifest klar zum Ausdruck bringen[39].“ Er unterstützte die Frauen in seiner Werkstatt gegen die Altgesellen Lindig und Bogler, die in seinen Augen zu viel Macht hatten und gegen die Arbeit mit Frauen waren.

Ebenfalls gab es in der Metallwerkstatt aufgeschlossene Männer. Als Laszlo Moholy-Nagy Formmeister wurde, förderte dieser Marianne Brandt, da er der Meinung war, dass es wichtig sei, neue, kreative Köpfe in die Metallwerkstatt zu bringen, um im gestalterischen Bereich neue Wege gehen zu können. Ihm war es dabei gleich, ob der Kopf einem Mann oder einer Frau gehörte. Er war einer der jüngsten Formmeister, war sehr aufgeschlossen und repräsentierte den jüngsten Trend aus Russland, den Konstruktivismus.

4. Die Ausnahmen

Trotz der ausgrenzenden Frauenpolitik, die am Bauhaus betrieben wurde, haben es einige Frauen erreicht, dass man auch heute ihren Namen wohl kaum übersehen kann. Ihre Werke haben großen Eindruck in der Welt des Designs und der Industrie hinterlassen. Hier einige von ihnen:

Marianne Brandt, Metalldesignerin

Geboren 1893 in Chemnitz

Gestorben 1983 in Kirchberg / Sachsen

Am Bauhaus von 1923 – 1929: Vorkurs bei Albers und Moholy-Nagy, Kurse bei Klee und Kandinsky. Studium in der Metallwerkstatt, 1928 / 29 stellvertretende Leiterin der Metallwerkstatt. Abschluss mit dem Bauhausdiplom.

Gunta Stölzl, Weberin und Textildesignerin

Geboren 1897 München

Gestorben 1983 Zürich

Am Bauhaus als Studierende von 1919 – 1924: Vorkurs bei Itten, Lehre in der Weberei. Gesellenprüfung 1922 / 23. Von Itten 1924 nach Herrliberg / Zürich gerufen, um Ontos-Werkstätten einzurichten. Am Bauhaus 1925 – 31: anfangs Werkmeisterin, seit 1927 alleinige Leiterin der Weberei.

---

[39] Baumhoff, 2001, S.125. "He, Krehan, thought differently about this matter and concluded that if the Bauhaus did not want women, it should say so clearly in its manifesto."

Anni Albers (geb. Fleischmann), Weberin

Geboren 1888 Berlin

Gestorben 1994 Orange Connecticut

Am Bauhaus 1922 – 1931: Vorkurs bei Itten und Muche, dann in Webereiwerkstatt. 1930 Bauhaus-Diplom und Lehrtätigkeit in der Weberei, 1931 kommissarische Leiterin.

Léna Meyer-Bergner (geb. Helene Bergner), Weberin und Textildesignerin

Geboren 1906 Coburg

Gestorben 1981 Bad Soden / Taunus

Am Bauhaus von 1926 - 1930: Vorkurs bei Albers, Kurse bei Klee. Kandisly, Moholy-Nagy, Schlemmer und Joost Schmidt. Studium in der Weberei, Mitarbeit in der Reklamewerkstatt. Nach dem Besuch der Färbereischule Leiterin der Färberei am Bauhaus. 1930 Bauhaus-Diplom.

IV. Wirtschaftliche Aspekte

Es ist zu untersuchen, welchen Einfluss die Frauen, trotz ihrer Beschränkungen, auf die wirtschaftliche Stellung des Bauhauses hatten. Am besten gelingt dies, wenn man hierzu eingehender die Weberei betrachtet, da ja hier auch die meisten Frauen arbeiteten.

Die Weberei war eine der wenigen Werkstätten, die schon kurz nach der Öffnung des Bauhauses mit der Produktion beginnen konnte. Das lag daran, dass die Werkstatt mit Webstühlen von Helene Börner voll ausgestattet war. Diese wurden nach kurzer Zeit vom Bauhaus übernommen.

Dass die Weberinnen von den männlichen Bauhäuslern nicht besonders ernst genommen wurden, wissen wir nun. „Langfristig gesehen erwies sich (…) der Spott als männliche Arroganz: Tatsächlich war Weben diejenige textile Technik, die am höchsten industrialisiert war und für die Bauhausziele ideale Voraussetzungen bot[40].“ „Während die abstakten Bilder von Klee und Kandinsky von konservativen Kunstkritikern und durchschnittlichen bourgeoisen Kunstkonsumenten abgelehnt und wenig gemocht wurden, waren die abstrakten Designs der Weberei kommerziell erfolgreich und sehr beliebt[41].“

„Die Weberei arbeitete mit zahlreichen Firmen zusammen und führte Meterware in beträchtlicher Menge aus, aber auch Einzelstücke. Die Ausführung geschah durch bezahlte Hilfskräfte, oft aber auch von den Schülerinnen selbst; erfolgreich verkaufte Stücke konnten wiederholt werden[42].“

Die vielen angemeldeten Patente der Weberei am Bauhaus zeigen zusätzlich ihren wirtschaftlichen Erfolg. Diese waren meist als Bauhauspatente angemeldet und die Schülerinnen hatten ihre Rechte daran abgegeben hatten. „Weil der Webkurs eine der größten Einrichtungen an der Schule war, wurde er der wichtigste finanzielle Unterstützer des Bauhauses[43].“

---

[40] Droste, 1998, S.72.
[41] Baumhoff, 2001, S. 85, zit. n. Osborn, Max, Vossische Zeitung September 20, 1923.
[42] Droste, Magdalena, „Die Werkstatt für Weberei“, in: Bauhaus – Archiv (Hg.), 1988, S. 73.
[43] Baumhoff, 2001, S. 86. "Because the weaving workshop was one of the largest workshops within the school it became one of the most important financial supporters of the Bauhaus."

V. Schlussfolgerung

Das Bauhaus suggerierte gleiche Bedingungen für Männer und Frauen. Lange Zeit und auch vielfach bis heute wurde dies nicht angezweifelt. Es gibt nicht sehr viele Kunstwissenschaftler, die sich eingehend mit diesem Thema befassen, deswegen gibt es in manchen Bereichen auch nur fragmentarisches Wissen. Man kann allerdings sagen, dass die Gleichberechtigung der Frau am Bauhaus in vielen Dingen sehr zu wünschen übrig ließ. Nach außen hin versuchte man ein Bild aufrecht zu erhalten, dem man nach innen hin nicht entsprach. Anstatt sich menschlich mit dem Thema Gleichstellung zu befassen, tat man dies „männlich". Allerdings hatten die Frauen selbst auch kaum eine Vorstellung davon, welchen Platz sie in einer gleichberechtigten Welt einnehmen sollten, da sie keine Vorbilder hatten, denen sie nacheifern konnten, da sie ja selbst die Vorreiter waren.

Die Frauenarbeiten hingegen zeigen auch im Nachhinein, dass die männliche Denkweise von Vorurteilen geprägt und wohl auch mehr auf den eigenen Vorteil gerichtet war. Diese Denkweise ist zwar heutzutage überholt, aber trotzdem nicht ganz verschwunden. Die Frauen wurden gering geschätzt, da sich selbst auch nicht hoch schätzten. Wie auch, wenn das Umfeld vor allem aus Männern bestand, die wie Itten, den Frauen zu verstehen gaben, das sie für bestimmte Bereiche nicht geeignet wären, dass ihre Kunst oberflächlich sei oder lediglich dekorativen Charakter besäße.

Erstaunlich ist zudem, dass sich das Bauhaus zu einem beachtlichen Teil über die Frauen finanzierte und dass das Bauhaus weniger mit der „männlichen Kunst", als vielmehr mit „weiblichem Kunsthandwerk" wirtschaftlich erfolgreich war. Und als kunsthandwerklich galt die Weberei nicht zuletzt dadurch, dass sie fast ausschließlich von Frauen betrieben wurde.

Es war zwar nicht einfach, als Frau am Bauhaus erfolgreich zu sein und viele Frauen sind den Weg nicht bis zum Ende gegangen. Trotzdem gilt den Bauhäuslerinnen der größte Respekt, da sie sich durchsetzten, um aus ihrem Leben mehr zu machen, als ihre Rolle ihnen eigentlich zugestand.

Literaturverzeichnis

Argan, Giulio Carlo:

Walter Gropius e la Bauhaus

Aus dem italienischen: Federmann, Hertha:

Gropius und das Bauhaus

1951 Turin, deutsche Erstausgabe 1962 Hamburg

Das Bauhaus-Archiv, Berlin (West) (H.g.):

Experiment Bauhaus

1988 Berlin

Baumhoff, Anja:

The Gendered World of the Bauhaus,

The Politics of Power at the Weimar Republic's Premier Art Institute, 1919 – 1932

1. Aufl. 2001 Frankfurt am Main

Droste, Magdalena:

Bauhaus, Bauhaus Archiv 1919 – 1933

1998 Köln

Stiftung Bauhaus Dessau (H.g.):

Gunta Stölzl Meisterin am Bauhaus

1997 Ostfildern-Ruit

Bauhaus-Archiv, Berlin (H.g.):

Katalogbuch

Das frühe Bauhaus und Johannes Itten

1994 Ostfildern-Ruit

Klötzsch, Georg – W., Tupitzyn, Margarita (H.g.):

Bauhaus Dessau, Chicago, New York

2000 Köln

Wingler, Hans M. (H.g.):

Das Bauhaus, Weimar, Dessau, Berlin 1919 – 1933

und die Nachfolge in Chicago seit 1937

4. Aufl. 1962 Köln